まえがき

小さい子どもに達に、漢字を教えていると、妹がお姉ちゃんを超えて、すぐ覚えびっくりすることがあります。それは、特別なことではなく、年下の子の方が、年上の子より、覚えるのに適した時期だったということです。

子どもを育てる時期に、「子育てのポイント」の知識を持っていることは、大切なことです。それは、何年か後に大きな差となって表れるからです。

教育しているつもりで行っていることが、ポイントを少し外しただけで、子どもの健やかな成長を阻むこともあるのです。

正しい知識をもち子育てすれば、その子の力を最大限に発揮させてあげられることにつながります。

本書は、大切な子育ての場面をイラストで示し、そこでの「子育てのポイント」を示しました。幾千、幾万の教師達が経験してきた秘訣なのです。

私は、長い間学校現場で多くの保護者と出会い、素敵な子育てを目にしました。

自分もまた父親として、子育てを楽しみました。

子育ての時期は短く、あっという間に通り過ぎてしまいます。その短く大切な時期に、子育てのポイントを念頭にいれて、お子さんとの時間を楽しんでください。

教育基本法に示されているように、教育は学校教育、社会教育、家庭教育の三つの分野で、それぞれの立場で、役目を果たすべきでしょう。

私は、すべての子どもたちが、日本の大切な宝であり、それぞれの子どもがもって生まれた力を大いに発揮させたいと願っています。

近年、様々な立場から、子育ての大切さについての情報が錯そうしています。中でも、親子の関わりが深い幼い時期の教育が注目されています。

本書は、家庭教育での子育てのポイントを示しました。

私は、一万人の研究団体ＴＯＳＳ（Teacher's Organization of Skill Sharing）の代表をしています。全国津々浦々での教育のエッセンスが集められています。「ＴＯＳＳ ＫＩＤＳ ＳＣＨＯＯＬ ＢＯＯＫシリーズ」が、一人でも多くの子供と接する大人たちの役にたつことを願っています。

ＴＯＳＳ代表　向山洋一

1 小学校で伸びる子には、四つの特徴がある

子育てのポイント

伸びる子の親はほめ上手です。
四つのタイプの子たちは、持ち味をいかして伸びていきます。

❶ 伸びる子の親は「ほめ方が上手」

小学校に入学してから「伸びていく子」と「伸び悩む子」には、それぞれ共通した特徴があります。

知能検査の結果は同じぐらい、ご家庭も同じ社宅でありながら、「伸びていく子」は伸びていくし、「伸び悩む子」は、だんだん遅れ気味になっていくのです。

これは、明らかに「〇歳から六歳までの子育ての違い」に、主な原因があると思われます。

伸びる子の親は「ほめ方が上手」です。

伸び悩む子の親は「叱って」ばかりいます。「伸びる子」は、親から「叩かれた」ことはほとんどありません。あったとしても、よほど重大なことであり、本人も納得しています。

「伸び悩む子」は、親からよく叩かれます。

週に何度も叩かれる場合もあります。「うちはきびしく躾けています」と、自慢する親もいますが、「親の前ではおとなしく」「学校では乱暴、嘘つき」になってしまう子も、いっぱいいます。

伸びる子の親は「スキンシップ」を毎日のようにしますし、「本の読み聞かせ」も毎日続けています。

伸び悩む子の親は、子どもとのスキンシップがおろそかですし、本の読み聞かせもほとんどしません。

テレビ・ゲームの時間も明白です。

私はかつて、田園調布地区の小学校で調査をしたことがあります。

立派な住宅街に住む子ども達ですが、勉強のできる子もいれば、勉強嫌いで忘れものばかりする子もいます。

「勉強のできる子」の家では「テレビ・ゲームの時間」が決められ、それが守られていました。平均すると、一日一時間程度です。「勉強嫌い、忘れものたくさん」の家では、そういうルールはなく、結果として「テレビ・ゲームの時間」は一日三時間を越えていました。一日五時間以上やる子も、かなりいました。

このような子どもの姿を見るにつけ、私は「〇歳から九歳」（シングルエイジ）時代の教育は、親や教師の責任が大きいことを感じざるをえませんでした。

そこで、平成六年、小学校、幼稚園、保育園、幼児教室、大学の先生方と「シングルエイジ教育研究会」を作りました。会長は、東京子ども教育センターの水野美保先生です。

❷ 伸びる子の四つのタイプ

子育てのポイントは「子どもとスキンシップ」をはかり「大切な点をくり返し教え」、「子どもをはげましほめる」ことに尽きます。

こうすれば、どの子も、スクスクと成長していくのです。

こうした子は、つまり伸びる子は、次のような性格のどれか一つ（以上）を持つようになります。

第一は、やり始めたら、最後までやり通す子どもです。

何も立派にやりとげなくてもいいのです。

しかし、一度やったら、やり通す、多少ギクシャクしてもやり通すという子です。

これは「遊び道具」の後片付けなどの日常的行動の中で身につけたものと思えます。最初は、親子で一緒に片づけ、徐々に「子どもだけで片づける」ように育てていったのです。

第二は、ていねいにやる子です。途中で終ってしまう、のんびりしていて見ていられないと大人は思うのですが、とにかく、ていねいな子です。

洋服をきちんとする、机の上を片づける、折り紙をていねいにするなどの中で身につけてきたのでしょう。

概して女の子に多いのですが、このタイプの子も伸びます。

私の教え子に、ていねいすぎて六年生までテストを半分しか書かない子がいました。

ご両親は心配しましたが、私は「大丈夫です。ていねいな子は伸びます。ストップウォッチでお尻を叩くような方法をしたらこの子はつぶれてしまいます」と、いい続けました。

その女の子は、一流大学に進学して芽を伸ばしました。その後大臣夫人になりました。

ついでに言うとストップウォッチでお尻を叩くような方法の「百マス計算」は、害が大きいので、おすすめできません。日本教育技術学会の調査で五百人の現職教師が「害が大きかった」という論文を報告し、出版されました。

第三は「何でもかんでもやってみる」と手をあげる子です。

ヤンチャな男の子を思いうかべるといいでしょう。

新しい事に次々と挑戦します。しかし長続きしません。母親は、いつも困っています。もっとコツコツやる面があれば――と。「何でもやりたがる」こういう子も伸びます。それは、生命力が強いから、いつか自分がのめり込むことに出会う可能性が大だからです。

のんびりていねいな女の子も、やたらとやりたがる男の子も、心配いりません。

立派に伸びていく子なのです。

そして、もう一つ付け加えるとしたら、第四は、「与えられたことをまじめにコツコツ努力する子」です。

努力は、やはり裏切らないのです。

この四つのタイプは、それぞれに持ち味を生かして伸びていくことでしょう。

❸ 伸びる子と伸びない子の違いはどこから生まれるか

さて、同じような環境に育ちながら、「伸びる子」と「伸び悩む子」が出てきます。

この違いは、まずはどこから生まれたのでしょうか。（もちろん、小学校に入学してから後は、教師の影響も多いと思います。）

教師の授業の差は、それはそれは大きいのです。この点については、他でくわしくとりあげることにします。

まずは、小学校入学、六歳にして生まれてしまう「子どもの差」についてです。

これは、もうはっきりしています。

子どもの責任ではありません。六歳まで育ててきた大人の差なのです。

小さい時から、大切なことを学んできたか学んでこなかったのかの違いです。

もちろん、この差は埋めることができます。しかし、臨界年は九歳という事を知る必要があります。

九歳までなら、比較的簡単にとり返しがきくということです。

九歳を超えると、不可能ではありませんが、相当きびしくなってきます。

子育ての最も大切な時期は、〇歳から九歳まで（シングルエイジの時代）なのだということです。

小さい時から大切なことを学んでこなかった子の問題は大きな問題ですが、それ以上に「間違ったことを学んできた子」は、もっと問題です。

親の間違いが、子どもに波及するのです。

昔から「おじいちゃんおばあちゃんなどから伝えられてきた教育」は、ほとんど正しいのです。

それは幾多の人々の体験を通過した経験法則だからです。

しかし、それ以外は、間違いがかなりあります。

「教育学会」「医学会」などで、正面から検討された方法は「まあまあ正しい」と判断できます。

❹ 本当の教育学

小学校で「伸びる子」もいれば「伸び悩む子」もいます。

しかし、どの子も、本来は力をもっているのです。

可能性があるのです。

例えば、私は、「跳び箱が跳べない子」を跳ばせることができます。

指導する時間は、ほとんど三分程度で大丈夫です。成功率は九十七パーセントです。

百人の跳び箱が跳べない子を連れてくれば、九十七人は跳ばせられます。

向山式跳び箱指導法といいますが、二十年前に発表したものです。

ＮＨＫテレビをはじめ、ほとんどのテレビで紹介されました。今年もＮＨＫの子どもニュースで紹介されていました。

「なわとびが一回跳べる子」なら、もっと成功率は高くなります。

では「なわとびが一回できない子」は、なぜ「跳び箱も跳べない」のか、「その原因は何であり」「どのような指導が必要」なのか、こうした事を明確にするのが本当の教育学なのです。

本当の教育学は、ほとんどありませんが、今、ＴＯＳＳでは、科学的な根拠にもとづく教育研究が進められています。

コラム

躾とは返事、挨拶、後始末の三つを教えること

かつて、東京の有名中学校の目標は、たった一つでした。

「席を立つときは、椅子を中に入れる」という目標です。

実力のある、すばらしい教師がいた証拠です。

躾をする時「あれもこれも教える」と「おしつけ」になり、何も身につかないのです。

戦前、戦後、日本の教育界に大きな影響を与えた哲学者森信三先生は「躾は、返事、挨拶、後始末（椅子、靴）」の三つのやり方を教えることだと強調しています。

三つができるようになると、他のこともできるのです。

挨拶などは、もちろん大人からやるようにしていくのです。

かつて「椅子を入れる」ことだけを目標にした結果、学力テストで東京都のトップになり、スポーツでも東京都トップクラスが実現しました。

2 やる気を引き出すには六つのポイントがある

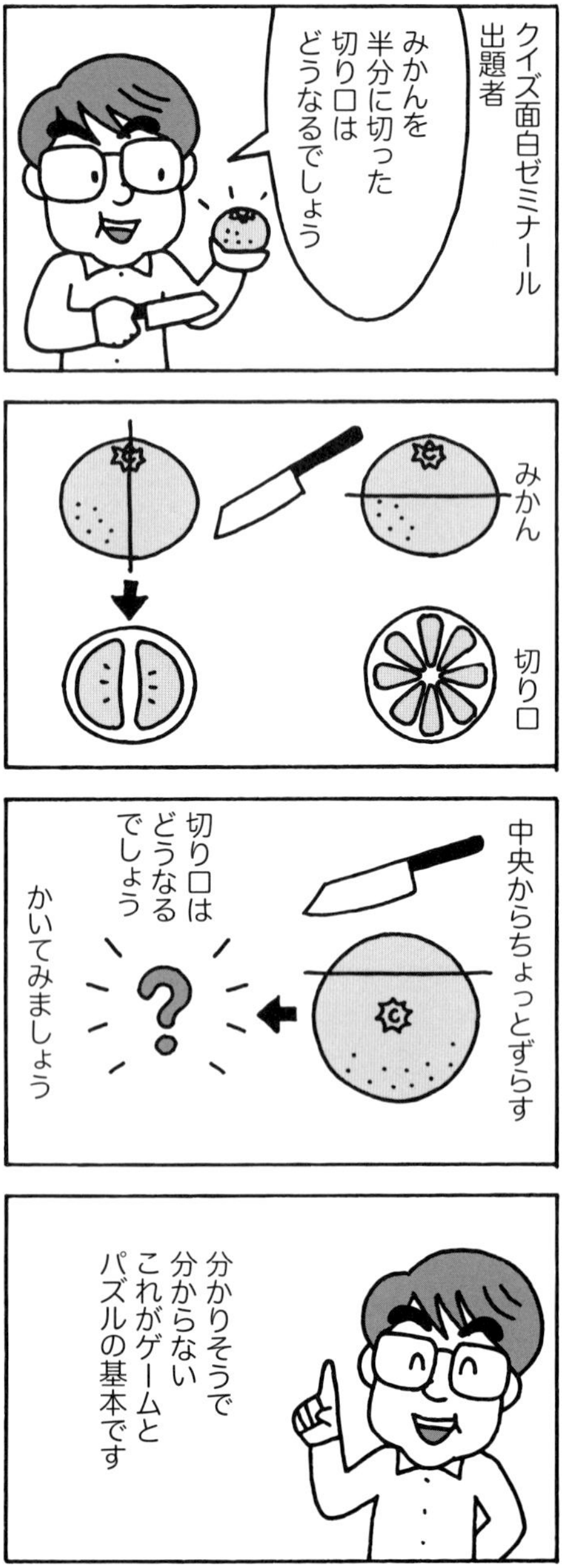
クイズ面白ゼミナール
出題者
みかんを
半分に切った
切り口は
どうなるでしょう
みかん
切り口
中央からちょっとずらす
切り口は
どうなる
でしょう
かいてみましょう
分かりそうで
分からない
これがゲームと
パズルの基本です

子育てのポイント

上手にやる気にさせれば、子どもたちは、グングン伸びていきますが、教師も親も反対のことをやりがちです。

❶ やる気をなくすことは簡単

子ども達をやる気にさせるのは、プロの教師の大切な仕事です。「夢を描き、計画を立て、実行に移す」のは成功のための大切な法則ですが、夢の現実までの時間があまりにも長くかかります。

子ども達が「やる気になる」には、もっと短い時間に結果が出ることが必要です。

上手にやる気にさせれば、子ども達はグングン伸びていきますが、教師も親も反対のことをやりがちです。

つまり、子どものやる気をなくすことを、大人はせっせとしているわけです。

やる気をなくすことは簡単です。

例えば、子どもの欠点を次々と見つけて、欠点を直すように毎日アドバイスすることです。こうすると子どもは、確実にやる気をなくしていきます。

叱りつけたり、他の子と比較したりしてマイナス面を並べたてることも、やる気を確実になくします。

実力ある教師は、やる気にさせる方法を知っているから、そんなことをしません。

では、どのような時に、子どもはやる気になるのでしょう。

❷ 子どもをやる気にさせる六つの方法

子どもが、やる気になるのは、粗く言うと、次の六つの場合です。

第一に、ほめられるとやる気になる
第二に、面白いとやる気になる
第三に、やり方が分かるとやる気になる
第四に、問題を選択できるとやる気になる
第五に、挑戦したい問題の時にやる気になる
第六に、はっきり評価、評定されるとやる気になる

第一のほめられる時といっても、気のないほめ方では駄目です。

心の底から、ほめなくてはなりません。

上手にできた時、うまくできた時は、ほめやすくその時は、思い切りほめるべきです。ところが、失敗したり、うまくできなかったりする時も多くあります。

そんな時でもほめるのです。

「一生懸命やっていてすごいね。努力は必ずむくわれるよ」というほめ方もあります。

「昨日の貴方より進歩しているよ」と、その子自身の過去と比べることもできます。私は教室で「残念だが間違いだ。しかし実にユニークな考えだ。天才的な鋭さをもった間違いだ。」というような言い方をします。

間違った子は、力を得て、次々と挑戦したものです。


第二の面白いとやる気になるのは説明の必要もないでしょう。

昔、ＮＨＫテレビの超人気番組に「クイズ面白ゼミナール」がありました。

私は、その番組の教科書問題を出題していました。七年間ずっとです。

番組を始める時、「日本で一番長い名前の草は何か」というような知識の問題を考えました。ところが、クイズ番組のプロは、そんなものは、すぐに答えてしまうのです。

私は、ミカンを包丁で切った「切り口の図」を問題にしました。

ミカンを横に輪切りにするのは、日頃見なれているから、誰でも分かります。

では、タテに切った切り口はどうだろう。かなり悩むに違いない。

しかも、中心からずらして、下図のように切ったら、どうなるだろう。

この問題は、たくさんの人を悩ませました。

「分かりそうで、分からない」のです。

私が勤めていた学校でやってみたら、女の先生方が十人ほど集まって、議論になってしまいました。

ヴェテランの女教師が叫びます。

「給食室へ行って、今日のミカンと包丁をもってきて！」

日本中で、これと同じ状態が生まれたのです。

それほど、やる気にさせました。

「分かりそうで、分からない」……これが「ゲーム」や「パズル」の基本です。

かるたのように「勝ち負け」を入れると、更にやる気はもりあがります。

第三の、やり方が分かるとやる気になるものもあります。

ＴＯＳＳインターネットランドには「かけ算ファイター」という「かけ算練習サイト」があります。

どの学校でも超人気で、子ども達は熱中しています。

子どもは「やり方」をすぐ覚えます。

「やり方」が分かればのめり込んでいきます。

パソコン教材に限らず、すぐれた教材は「やり方」が分かりやすいのです。

第四の、問題を選択できると動きは少し違います。

『向山型算数難問シリーズ』の「向山の難問システム」というものがあります。

一ページに難問が五問のっています。

やる人は、五問のうちから一問だけを選んで解きます。

大切だから、もう一度強調します。

五問のうちから一問だけしかやってはなりません。一問で百点です。

この方法は、ほとんどすべての子を算数に熱中させる力をもっています。

選択できることが、ミソなのです。

一問できた子は、次の問題を解きたがります。技量の低い教師は、簡単に応じてしまいます。

「いいわよ。次もやりなさい。二問できたら二百点ね。」

と言うのです。

これは、とんでもない間違ったやり方です。

ダイヤモンドをどぶに捨てるようなものなのです。せっかくのやる気が、そがれていくからです。

もっとやりたいという子には、次のように言わなくてはなりません。

「もう一問やっていいわよ。でも二問できても百点で、もしも、二問目が間違えていたら〇点になってしまうわよ。それでもいいならやってごらんなさい。」

このように言われた子ども達は、前にもまして、やる気になって挑戦するのです。

第五に、挑戦したい問題の時に、やる気になります。

小学校の教室で使われている教材に、「あかねこ漢字スキル」と「あかねこ計算スキル」があります。

日本の教室で最も多く使われているナンバーワンのスキルです。これまでに四千万冊が発刊されました。私が作りました。

さまざまな工夫がされています。

例えば「あかねこ計算スキル」の練習テストは「二問コース」「五問コース」「十問コース」と分かれていて、どれも百点満点です。自分の力に合わせて選べばよいのです。

クラスほぼ全員が百点をとるようになります。

市販テストでも、クラス平均九十点はザラです。

「すぐれた教材」「正しい教え方」でやればこうなるのです。

ところで、宿題では学力はつきません。ドリル、スキル等の練習問題を熱心に宿題に出しているクラスがありますが、学力は低いままです。

学力は、授業の中でつけるのです。

「スキル練習時間」は五分か七分程度です。その中で、力がつくのです。

「あかねこスキルをやります。」と教師が言うと、ほとんどのクラスは「ヤッタァー」と歓声があがるほどです。

「正しい使い方」をすれば、どのクラスもこうなるのです。

第六に、子どもは評価、評定されるとやる気になります。特に、数字で示す「評定」に効果があります。

とび箱などでも「二点」「三点」「五点」などと瞬時に評定をすると、見違えるように変化します。そしてやる気になります。
その時には、注意がいります。

① 評定は、短く断定的であること
② 直前のことを、一言でアドバイスすること
③ 何度でも、挑戦させること
④ 「やってよかった」と思える状態で終わること

以上、やる気を引き出すポイントについて述べました。

コラム

いじめの時は親の出番

我が子が「いじめ」にあったら、親が守ってやらねばなりません。

子どもから事情を聞きます。

その時、具体的にメモをします。何月何日、何時ごろ、誰と誰から、どのようなしうちをうけたというようなことです。この時大切なのは「ケンカ」と間違えてはいけないということです。

一回、二回のケンカは昔からありました。これからもあります。ケンカは、放っておく方がいいのです。しかし、三回、四回と「くり返される」、「同じ人からやられる」というのは「いじめ」です。それは、即座に反応が必要です。

事情をメモしたら、まず担任の所へ行きます。担任が若かったら、学年主任の所へ行きます。

相手の家に行っては駄目です。必ず、こじれます。乱戦になることもあります。

まずは、先生にお願いをするのです。そして、一日か二日。改善されれば、それでいいのです。

3 子どもに読書の習慣をつける

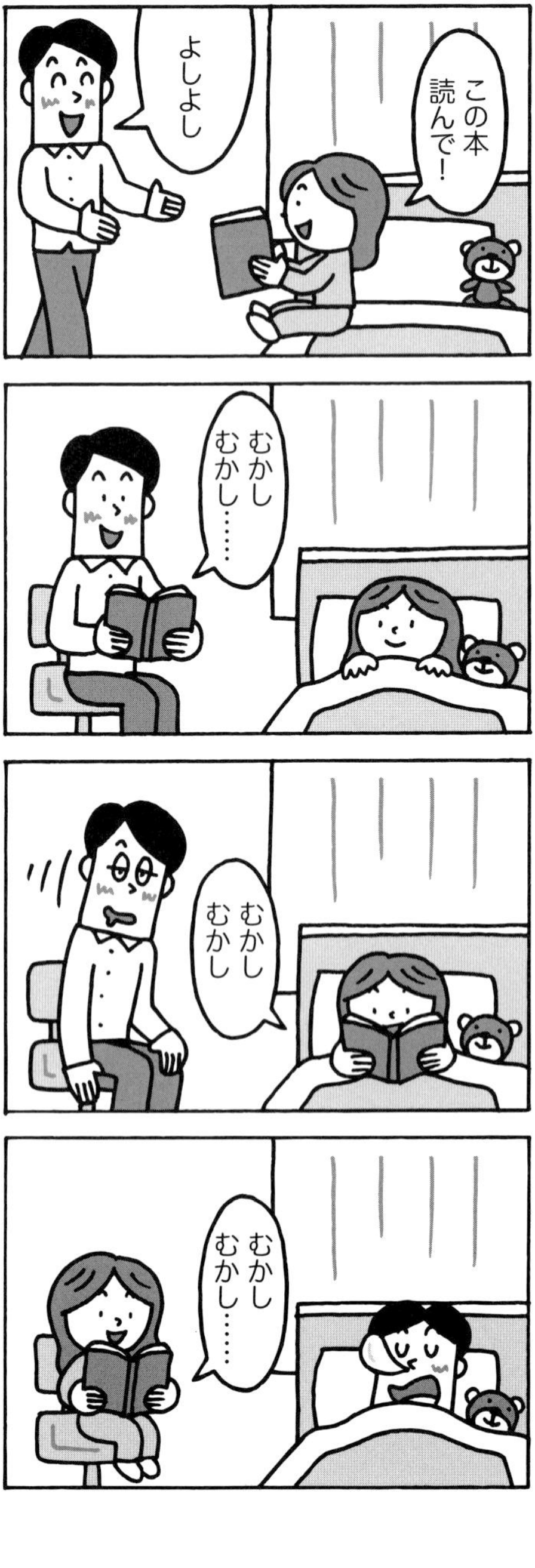

子育てのポイント

読み聞かせは、親の努力の表れです。本好きな人は知的です。親が本好きであることが大切です。

❶ 読み聞かせは親の努力の結果

小学校一年生の担任をしていると、はっきり感じることがあります。

それは、小さい時から、本を読み聞かせてもらった子は、勉強する力がついているということです。

小さい時から本を読み聞かせてもらった子は、

ア　勉強ができる
イ　何よりも、教科書がスラスラと読める
ウ　「教師の質問」に対する「答え方」がクッキリしている
エ　本を読んだり、ノートを書いたりすることを好む
オ　教師の説明を、きちんと理解することができる

ざっと言うなら、右のようなことができるのです。

こうした力は、すぐにはつきません。

毎日毎日、寝る前に三冊、五冊の本を読んでやり、それが三年、五年、七年と続いた結果なのです。

気が遠くなるような親の努力の結果です。

私も、娘が三歳の時から「読み聞かせ」をしました。

家人が寝る前に読んでいたのですが、週に一回は、私の役割でした。

娘が「好きな本を三冊選び」、それを読んでやるのです。

最初の頃は『ノンタン』が、大好きでした。毎日毎日同じ本でした。

私の方は、酒が入っている時がありますから「うつらうつら」します。

娘は「お父さん、起きて」と、私をゆさぶるのです。

時には、私を起こすのをあきらめて、娘は自分で読んでいるのです。

毎日、同じ本を読んでもらっているうちに、覚えてしまっていたのです。

「読み聞かせ」は、小学校に入ってからも続きました。

おかげで、本が好きになりました。

「家で一番本を読むのはお父さん。次が私。その次がお母さん」と言うようになりました。

家人は、大学の教官でした。厚い本をきっちり読む研究者です。東大の大学院博士課程を卒業しています。

その「お母さんより、私の方が本を読む」と、娘は言い張っていたのです。

私も、日本の小学校教師で、トップクラスの読書家だったと思います。

毎日、三冊以上の本を読んでいました。それが、四十年続いています。

毎月の本代は、給料の半分でした。

今は、多分、月に二十万円位の本代を使います。家には、本屋さんより本があります。それほど、本が好きです。

❷ 情報を伝える手段はさまざまある

テレビ、ラジオ、インターネット、雑誌、新聞、本……。

この中で、最も良質な情報は、本の中にあります。

本は、一人の人間が、それまでに研究したことのエキスが書いてあるのです。

良い本、つまらない本などの差はありますが、必ず「一人の人間の研究のエキス」が入っています。

ですから、本当の研究、学問は、本によってもたらされるのです。

大流行した「百マス計算」は、勉強のできない子を苦しめ、貴重な授業時間を喰いつぶしてしまう、「勉強不足教師」の「時間つぶし」なのですが、なぜか、一部のテレビ、一部の週刊誌では、大々的にとりあげました。なぜか、お分かりと思います。

「ある出版社が、百マス計算の本とドリルを売るため」だからです。

百マス計算は、かけ算練習の一つの方法として、五十年昔、大阪の先生方が開発したものです。

朝日新聞の教育欄で紹介されました。

ところが「百マス計算の本、スキル」を大々的に売っているS出版者は「百マス計算」の商標登録を申請したのです。

教育界が五十年も昔に開発した指導法を、商売のために商標登録をしたのです。

更に言えば、「百マス計算」と共に「指名なし討論」という授業法が、その本に出てきます。

教師が指名しなくても、討論がすすむ授業方法です。

「指名なし討論」を、日本で最初に「本」や「雑誌特集」にしたのは、私です。十年も昔のことです。

「指名なし討論」という言い方も、私が作り出したものです。

向山が発表し、命名したものを、あたかも「自分がつくったように」テレビなどで紹介するのは、少々、品が足りません。

教育学という、研究の世界では、当然、鋭い批判をあびています。

また「百マス計算」は、軽度知的障害の子（日本人の七パーセント近くです）には害があると言う研究報告が、日本小児神経学会で発表されています。

つまり、小児神経科のドクターは「百マス計算はできない子には害が大きい」という研究報告をしているのです。

いわゆるマスコミで流されている情報には、トンデモナイものも入っているのです。

そういえば、元オリンピック体操選手が「とび箱を跳べない子」を、一週間指導した結果が、放映されました。その子は、やはり跳べませんでした。

私なら、多分、五分位で、跳ばせられたと思います。

向山型とび箱指導法といい、成功率九十七パーセントです。なわとびが一回でもできる子なら、すぐに跳べるようになります。

私だけでなく、ＴＯＳＳの一万人の教師なら誰でもやっていることなのです。

❸ 本の中にこそ貴重な情報がつまっている

本を読む人は、知的な人です。

私がこれまで出会ったすばらしい人々、大学の先生も、本をいっぱい出した先生も、企業を大きくした社長さんも、芸人さんもみんな、本を読む人でした。

中学卒で納税日本一の斎藤一人さんも「いつも本を読んでいた」といいます。

本が好きになるのは、子どものうちです。

「勉強はできなくてもいいから、本好きになってほしい」と、親が思うくらいで丁度いいのです。

私も、娘が子どもの頃「読みたい本」だけは、無条件で購入してあげたものです。

＊

私が田園調布地区で一年生を担任していた二十年昔、通信に「親からの便り」がよく載っていました。読書のことも多かったです。

あのね

調布大塚小学校一学年通信　1983・10・21　NO．90（向山）

本が好きになってほしい　A子の母より

◇我家でも娘二人に本の好きな子どもになってほしいという思いで、まだ言葉も意味も分からないうちから毎晩、本をよんであげておりました。

その頃は、親の一方的な満足感にひたって、ただ本を読んであげていましたが、三年四年と月日がたつにつれて、娘達も就寝前の本をとても楽しみに待つ様になり、以前の一方的な満足感から共通の楽しみを味わえる時間がもてるようになりました。

これは親の願い通り本の好きな子どもになってくれたと感じ今まで以上に心をこめて、時には、力を入れて読んであげたものです。

すると、寝るはずの娘達は、ますます目をパッチリと輝かせてしっかりと聞いているのです。これはいけない、早くねかせなくては自分の時間がなくなってしまうなどと、今度は矛盾した考えをおこしたりもして……。

でも、今年の夏休みから娘達は、図書館で本を借りて読むことを覚え二十分も歩いて「大田図書館」に通うのを日課としていました。

これからも良い本をたくさん読んで成長して行って欲しいと思います。

〈向山〉私も本は好きである。名作はあまりよまない。雑文、大衆小説、ビジネス書の類が多い。一日の平均読書量はおよそ三冊、月に百冊のペースである。だから当然の如く本がたまって、始末に負えなくなる。高さ一・八メートル、幅〇・九メートル、つまりフスマ一枚大の本箱にどのくらいあるかというと四十近くになる。十六畳の書斎の壁はすべて本、その上に四畳の書庫に本がつまっている。しかも、毎日のように本がふえて、貧乏症なものだから、それらをしっかりとかかえこんでいる。この先どうなるか、不安である。経済的にも本の重量からも破産するだろう。

が、私は本が好きである。

＊

子どもの時に本を読み聞かせるのは、親が子どもに贈る最高のプレゼントです。

私は、ＦＭ東京で「向山洋一の教育ステーション」（二時間番組）のパーソナリティをしていました。その時、口グセのように言っていました。

「本の読み聞かせは、三千万円の財産を残すより、はるかに価値のある親からのプレゼントです」

コラム

靴箱を見ればクラスの様子が分かる

私は多くの学校を訪れましたが、「学校の良し悪し」は、五分で分かりました。

クラス毎の評価も分かります。

玄関にある「靴箱」を見るのです。

荒れているクラスの靴箱は雑然としています。「投げ入れ」状態の子も何人もいます。

靴が落ちているのもあります。

良いクラスの靴箱は、落ちついた表情があります。どの子も手で「ていねい」に入れた感じがします。多少、曲がっている子もいますが、それなりに落ち着いています。こうした靴箱のクラスは、まず、すばらしいクラスです。

4 子どもは、友だちの中・集団の中で、成長していく

子育てのポイント

子ども集団には、教育力があります。
子どものケンカは、成長の一里塚です。

❶ 一年生はケンカが強い子が幅をきかせる

子どもは、集団の中で育ちます。
小学校一年生に入学してくる子の中には、「自分勝手」の子もけっこういます。
給食の順番を、守ることができない。
遊びのルールを守れない。
「好き勝手」にやる子もけっこういるのです。
当然ながら、ケンカになります。
小学校一年生の頃は、力の強い子、ケンカの強い子の意見が通ります。
「自分勝手」が通用することも多いのです。
「負けた子」は、先生に訴えます。
先生は「ルール違反」をしかって、教えさとします。
その場はおさまるのですが、すぐにまた同じようなことが生じます。
休み時間は、子ども達だけの世界。

先生は、そこにいないのです。

だから「自分勝手」「トラブル」「先生登場」がくり返されます。

この流れの中で「ルール」を守るようになっていくのです。

でも、何人かは「自分勝手」をつらぬきとおします。

小学校の一年生は、体力勝負なのです。

ですから、身体の大きい子、力の強い子が幅をきかせています。

❷ 自分勝手は中学年まで

好き勝手は、いつまでも続くわけではありません。

「自分勝手」な子を、敬遠する子どもがふえていくからです。

中学年は「ギャングエイジ」と言われるぐらい「仲間作り」が活発です。

ケンカの強い子も、仲間を集めますが、誰でも「我がままな人」は、いやですから離れていくのです。

そして「自分勝手」な場面で「みんな」が文句を言うようになるのです。

一人や二人を相手にするのならケンカに自信がある子でも、十人、二十人のクラスのみんなには、たじろぎます。

「自分勝手」が通用しなくなったのです。

遊びのルール、スポーツのルールを守らなくてはいけなくなるのです。

自分勝手な子は、クラス集団によって教育されたのです。

このように、集団には、教育力があります。

集団には、力があるのです。

❸ 教師もヤンチャ君もみんなを味方にする

ですから、すぐれた教師は「集団の力」を上手に使います。

自分勝手なヤンチャ君を教える時も、クラスのみんなを味方につけ、対応します。

先生　今、太郎君は勉強をやりたくないから、教科書を出さないって叫んだよ。
　みんな、どう思う？
　太郎君の態度は正しいと思う人は手を挙げて！
　太郎君は、間違いだと思う人？（多数手を挙げる）
　太郎君、まわりを見てごらん。
　クラスの全員が、太郎君は間違えてるって言ってるよ！

先生とだけでならケンカをできるヤンチャの太郎君も、クラスのみんなは敵にまわせないのです。
力のない教師は、自分ひとりだけがカッカして、ヤンチャ君と対応するのです。
ヤンチャ君は、ケンカの天才です。
教師のわずかなミスをついてくるのです。

先生　次郎君、また忘れものをして。

今日は、算数の宿題を忘れ、お習字の道具を忘れてますよ。
昨日も、地図帳とふで箱と体操着を忘れたでしょう！

ヤンチャ君は、すかさず反撃します。

次郎　あっ、俺、昨日体操着持ってきたよ。
なっ、みんな、そうだろう！
俺、体操着、着てたよな！
先生なのに、うそついてる。
せんせいうそつき、うそつきせんせい、うそつきせんせい。

こんな小さなところから、クラスは乱れていくのです。

❹ 一人でも友だちがいる子は大丈夫

クラス集団の中で、生活している子は、それだけで、心の成長、人づきあいの成長は大丈夫といえるのです。

二、三人親しい友だちがいれば十分です。

一人だけでも、友だちがいれば心配ありません。

もし「友だちが一人もいない」としたら、何か原因があるはずなのです。

自分の子に原因があるはずなのです。

二十年前、私は田園調布地区の小学校の生活指導主任をしていました。

「ひとりぼっちの子」の調査を、学校全体で行いました。

担任にアンケートを配り、回収しました。

二十学級のアンケートの結果「ひとりぼっちの子」は「ゼロ」でした。

これは変です。

六百名近い子がいて、ひとりぼっちの子がゼロなんて信じられません。

しかし、正式のアンケートに対する担任の回答です。

次の年、アンケートの中味を変えました。

「ゼロ」の場合は、その「証拠」「根拠」を示すことにしたのです。

その結果、担任は全員「ひとりぼっちの子はゼロ」と答えたのです。

「私は子どもと遊んでいる」「日記を毎日出させている」などの「証拠」が書かれていました。

私は「そんなはずがない、調査の方法を変えなければ駄目だ」と思いました。

その次の年の調査は、大きく変更しました。

二十分休みを一週間（六日間）調査したのです。

友だちと遊んでいたか、誰とどうしていたかを「二十分休み」だけ調べました。

野球、鉄棒、鬼ゴッコ、図書室、ブラブラ歩き、いろんなことをしています。

そんな中に「一人でいた」という子もいます。

「一人でいた子」を記録してもらいました。

六日間のうち「六日間全部一人でいた子」「六日間のうち五日間一人でいた子」を抽出してもらいました。

たのしい遊び時間の二十分休みを、ずっと一人でいるのなら「ひとりぼっちの子」です。

結果は、見事に違いました。全体で「三十二名のひとりぼっちの子」が見つかったのです。全体で、三十二名。これを、担任は見のがしていたのです。

「調査方法」をきちんとすることによって初めて、発見できたのです。

医者のレントゲン検査、血液検査のようなものであったのです。

私は、次に「三十二名の子はなぜ一人でいたのかの原因」を調べてもらいました。

そこから先は、さすがに担任です。すぐに原因をつきとめました。

一番多かったのが「自分勝手で、ルールが守れない」という子です。

「みんなと遊べない子」もいました。

四年生は、野球で遊んでいたのですが、K君は、ボールを二メートルぐらいしか投げられないということも分かりました。

この調査の結果、学校全体で対策が考えられました。

「先生と遊ぼう」という日や「下校時刻までクラス全員で遊ぼう」などのとりくみもされました。

そして「ひとりぼっちの子」は急速になくなっていったのです。

❺ 集団の中で育てる

子ども集団には、教育力があります。

その教育力は、とっても大きいのです。

親や教師には、どうすることもできない教育力もあります。

ですから「集団の中で育てる」ことに注意を払う必要があります。

一人でも、友だちがいれば大丈夫です。

何人かの友だちがいれば、文句ありません。

子どものケンカは、成長の一里塚です。

昔から「子どものケンカに大人が出るな」と言われてきましたが、大事なことです。

最近、子どものケンカに、しゃしゃり出る親がいます。その場はうまくいくように見えますが、
結局その子は仲間はずれにされ、しわよせは「我が子」にいくのです。

友だちが一人もいない時「野球」「サッカー」「ボーイスカウト」等々、大人が、子どもの集まる場所へしむけていくのも大切なことと思います。

5 子育て上手な親がいる

菊好きな人
これは無駄な葉
百姓
いい大根になった
教育とは
みんないい子ね
にこにこしている
なきむし
細井平洲の言葉
一株一株を大切にし・・・

子育てのポイント

「人の子を教育するは、菊好きの菊を作る様にはすまじく、百姓の菜大根をつくる様にすべきこと。百姓の菜大根を作るには、一本一株も大切にし、上出来も、へぼも、よきも、わるきも、食用にたてること」

（つらつらふみ、君の巻）

❶ 家庭に大切なルール

学校で、たくさんの子どもを担任してきました。

同じように見える子なのに、小学校一年生で、すでに大きく違っているのです。

常にすわっていられない子がいます。

順番が守れない子がいます。

ほとんどの場合は、親の子育ての結果なのです。

もう三十年近くも昔ですが、東京都の教育研究所が、中学生相手に調査をしました。

知能指数が同じなのに、成績がオール5の子とオール1に近い子を調べたのです。

知能指数が同じですから、能力は同じと考えられます。

しかし「オール5」で、学年トップクラスの子もいれば、「オール1」で学年最下位のクラスの子もいるのです。

理由はいろいろありました。その中で、二つだけ共通することがありました。

「オール5」の子は、テレビ、ゲームを見る時間が少ない。一日平均一時間以下だということです。

「オール1」の子は、一日に三時間以上、中には五時間、六時間の子もいました。

「オール5」の子の家では、小さい時から「テレビを見る時間のルール」があり、親が、それを守らせていたのです。

もう一つは「お手伝い」です。

「オール5」の子は、家の中で、家族の一員として仕事がありました。

「オール1」の子は、家のことを何もしていません。

自分の子は「テレビ、ゲームの時間はどうなっているか」「ルールが決められているか」「ルールを守らせる努力をしているか」ということで、上手な子育て・駄目な子育てが分かります。

「家の手伝い」をさせているということも同じです。

これが、東京都の教育研究所が大々的に調査した結果、分かったことなのです。

親の努力は子どもに帰っていくわけです。

❷ 菊を作るように子どもを教育してはならない

今から三〇〇年も昔、細井平州という学者は、教育について次のように言いました。

教育とは、菊好きな人間が菊を作るようにしてはならない。
百姓が野菜や大根を作るようにすべきなのだ。

なぜ、菊を作るようにしてはいけないのでしょう。それは、菊を育てる人というのは、自分の理想の形があって、それに合わないもの、欠点の目につくものを摘んでいってしまいます。

そして、最後に二つか三つのつぼみを残し、そのうちの一つで大輪の菊を咲かせるのです。

菊作りはすばらしい方法でしょう。でも、これを、子育てにやると、「大きなマイナス」になると、さとしているのです。

一方、農民が野菜を作るとき、欠点のあるものを捨てるなどということはありません。日陰に咲いたものも、うねで実をつけているものも、それぞれに（つまりそれぞれの条件ごとに）精いっぱい育ってほしいと、手をさしのべるわけです。

教育とは、このように一人一人の条件が違っても、（相手に合った方法で）手をさしのべることがたいせつなわけです。

親の都合で叱ってばかりいても、決して効果は上がらないものです。

❸ 子どもの力を伸ばす五つポイント

不得意科目を伸ばしたいとき、子どもの力を伸ばしたいとき、どこに目をつけたらいいのか、五つのポイントを示してみます。

第一に、子どもに不得意科目を克服させるには、やる気をおこさせることです。

そのためには、上手に励ますことがいちばんたいせつです。

「ダメじゃないの、こんなことでは」

と言われれば、大人でも意気消沈してしまいます。子どもなら、なおさらです。

「ダメだ」「ダメだ」と言わずに、「こうすればだいじょうぶ」「前よりずいぶんよくなった」と励ましつづけてください。

そうすれば、子どものやる気も芽生えてくるはずです。

つまり、どこで子どもがつまづいているのかを見つけることが大事なのです。その教科がなぜ不得意なのか、原因をいっしょにさがして、そこから子どもを見てやることです。

第二にたいせつなのは、子どもをほめてやることです。

いいところを一つでも見つけて、「ここはいい」「ここがよくなった」と評価してやれば、それが子どもに自信を与え、苦手な科目を克服することにつながってくるのです。

子どもにくどくど言っても、百害あって一利なしです。逆効果にしかならないことなのです。また、注意を与える場合は、簡潔にすますことがたいせつで、かつ、効果的でもあります。

第三に、家庭での学習時間は、《学年×十分》が目安になります。小学校三年生なら三十分です。これは、宿題をする時間も含めてです。ともかく、この時間内は、たとえ机の前で多少、手遊びをしていても、すわっていられるような習慣づけをすること。勉強する構えができていますから、徐々に子どもは伸びてきます。ただし、中学を受験させる場合なら、《学年×一 十分》を目安においてください。

第四に、テレビを見る時間についてですが、家庭でルールがつくられている子と、つくられていない子を調べて見ますと、つくられていない子には、忘れ物が多いという傾向も認められます。

テレビを見る時間と、子どもの知的好奇心、学習態度とは関係があると思えます。テレビを見る時間をコントロールすることも考えられるとよいでしょう。

ちなみに、東京の田園調布地区での平均テレビゲーム時間は、一日に一時間半です。

第五に、伸びていく子の特徴をあげてみますと、

① **なんでも挑戦する**

② **やり始めたことは、途中で投げ出さない**

③ **最後まで、ていねいにやる**

です。

どれか一つでも持っていれば、それだけで伸びていく可能性が大きいのです。子どもを励ましてやってください。

また、「うちの子は一つも持っていない」というかたは、子どもに少しずつ決断力を持たせるようになさることです。

自分で決断することができるようになれば、先にあげた特徴も徐々に身についてくると思います。

❹ 教育は、そのときにしかできないことがある

親子のつながり、愛情、これが最もたいせつな出発点であることは当然です。

愛情は、形で示してやることです。

一日に一回は、ぎゅっと抱きしめてやることです。

「お母さん、貴方のこと大好きだよ」と言ってやります。

身体をさすってやることも大切です。

夜、寝るときに本を読んでやることも、とっても大切です。

私は、千葉大学で教えるとき「寝るとき本を読んでくれた親は、それだけで三千万円の遺産をくれたのと同じだ」と話します。大学生はびっくりします。

千葉大学に入学した学生の多くは、小さい時、親から本を読んでもらっていました。

❺ 親子の信頼の上で「やっていけないこと」

電車にのって、靴をはいたまま窓の外を見てはいけないことなども教えます。

「あのおじちゃんが、にらんでるからね」など、他人をダシに使ってはいけません。

小さな子には、何回も何回も、くり返し教えてやるのです。

暴力を使うなど、とんでもないことです。

小さいとき、なぐられて育った子は、学校に入ると他の子をなぐるようになります。

「がまんして努力すること」を、耐える力を育てるのは、親の大切な仕事です。

時間がかかります。

すぐには、できません。

しかし、時間をかけただけのことは必ずあります。

たいせつに育てられた子は、やがて自分の親や他人をたいせつにするようになるのです。子どもをなぐって育てると、いつの日か子どもに見捨てられます。

愛情をそそぐこと
人に迷惑をかけないこと
がまんしてがんばること

これは、昔から、かしこい親が実行して教えていたことなのです。

6 教育には、最も適した時期がある

子育てのポイント

文字を覚えるのは、六歳では少し遅いのです。学ぶのには、適した時期があります。

❶ 教師が子どものもつ障害を理解する

新しく赴任した校長先生に、その子の様子が目にとび込んできました。

五年生の男の子です。

目立つ子でした。

トラブルを毎日、起こしていました。

担任に聞くと、ずっと昔から、一年生の時からそうだというのです。

「躾がなっていない。困ったものだ」と、どの学年の先生方も思っていたそうです。

しかし、校長先生には「躾が駄目なためではない。もっと別の原因がある」と感じられました。

その学校の先生方は「子どもをたいせつにする」と口にだすわりには、本も読まず、勉強もしない先生方が多かったのです。

ですから、教育の方法も「テレビ・新聞」で報道される素人程度の考えしか持っていませんでした。

善意ではあるけど、力の低い先生方だったのです。

校長先生は、すぐ担任を説得し、専門の医療機関で診察してもらうことを指示しました。

担任は、しぶしぶ校長の指示に従いました。

校長は、親にも会って説得しました。

診察は一ヶ月後になりました。

結果は、その子は軽度知恵遅れの障害をもっていたのです。めずらしい症例でした。

校長先生は、知りあいの大学病院の専門医に診察結果を見てもらいました。

専門医から校長先生に電話がかかってきました。

「校長先生、この子は、小学校一年生の時から症状が出ていたはずです。

どうして、今までほっておいたのですか。

もっと前に、来てくれれば、この子は、普通の生活ができるようになったはずです。」

私は、この話を聞いて、くやしくてくやしくてたまりませんでした。

小学校一年の時に、いや二年でも三年でも、教師がプロの技量を持っていれば、医教連携をしたはずだからです。

保護者が先生に「うちの子は障害を持っています。その障害の事を少し勉強してくれませんか。」

と、おずおずとお願いしたケースが報告されています。

この保護者の願いを、教師は拒否したのです。

「私は普通学級の教師です。そんな勉強に時間はとれません。」と言って……。

何というひどい教師。私は、このような教師をなくすまで、がんばらねばと思っています。

普通学級の教師でも、障害を持つ子のことを理解するために勉強するのは当然の義務です。

障害を持った子は、どの学校のどのクラスにもいるからです。

同じような話は九州でもありました。

四年生を担任した女性教師が、一人の子を発見し、親に「医師」にかかることをすすめました。

親も、実は、内心「どうしたらいいのか」と悩んでいたのです。

診断の結果、原因が分かり、治療の方向も分かり、子どもの発育はグングン改善されていきました。

九州の女教師は、ＴＯＳＳの教育雑誌を読んでいたから、分かったのです。

このように、教師が学び、親との手をとりあえば、良い方向に向かいます。

そうでないとき、大きな被害をうける子どもが生まれてしまうのです。

ある種の才能や障害には、それを伸ばしたり、治療したりする「最適時期」があります。

教育（子育て）には、最適時期があるのだと知っているだけで、ずいぶん違います。

「三つ子の魂百まで」ということわざは、このことを言っているのです。

❷ 入学前に、子どもが大切なことを学ぶ時期がある

次のような経験をした人は多いと思います。

お兄ちゃんが小学校に入るので、お母さんが文字を教えることになりました。そばで、二つ年下の妹が見ています。

お兄ちゃんは、なかなかおぼえませんが、妹の方はすぐに覚えてしまいます。

こういう経験をした人は、いっぱいいると思います。

不思議と、年下の子の方がはやく覚えてしまうのです。

これは、年下の子が優秀なためではありません。

文字を覚えるには、六歳というのは少し遅いのです。最適時期は、妹の年齢に近かったのです。

ですから、小さい時から絵本を読み聞かせていると、いつの間にか文字を覚えてしまうのも、文字は四歳ぐらいでスイスイ覚えてしまうからです。

もちろん、ひら仮名よりも漢字の方が覚えやすいのです。

漢字は「絵」だからです。

「学校」という文字を教えるのに、現在次のように教えています。
①　がっこう
②　学こう
③　学校
②の漢字とひら仮名の「まぜ書き」は、実におかしい教え方です。
これは、最初から漢字で「学校」を示し「がっこう」と読み方を教えればいいのです。

この方が、子どもは楽に覚えます。

書き方は、もっと後になって教えればいいのです。

六十年以前の日本では、そのように教えていたのです。

現在、この「まぜ書き」を訂正する動きが出ています。


さて、次のような経験した人も多いと思います。

幼児期になる頃です。

寝る前に、同じタオルを持って（同じぬいぐるみを持って）寝るようになります。

よごれたタオルをとりあげて、親が新しいのを与えると、火がついたように泣きわめきます。

自分のやることを、ほんの少しでも変更することがいやなのです。

あるいは、毎朝保育園にいく時、「いつもの階段を上がって」「いつもの犬に声をかけて」と、決まった行動をします。

親の都合で、今日はいそぐからはやくねと、手をひっぱって途中を省略すると、火がついたように泣きます。

けっきょく、「いつもの同じ行動」を、せざるをえなくなります。

似たような体験をした人も多いでしょう。

実は、この行動は、世界中の子どもに共通に見られるのです。

幼児期の一年間ほどです。

発見したのはヨーロッパの医師です。

これは「子どもに、決まった行動様式を学習させるために神様が与えてくださった時間なのだ」と考えられました。

この大切な行動を、親の都合でグチャグチャにすると、「行動」がきちんとしない子になってしまうと言われます。

このように、入学前に、子どもが大切なことを学ぶ時期があります。

❸ 幼児期には、親子のスキンシップが大切

その中で、最も大切なのは、親子のスキンシップです。

これは、どれだけ強調しても、しすぎることはないのです。

スキンシップとは、きつく抱きしめてやる「大好きだよ」「すてきだよ」と言ってやる、「本を読み聞かせてやる」「お話をしてやる」などのことです。

こうした大切なことは、後でとりもどせないのです。

その時期しかできないのです。

私は田園調布地区で教師をしていましたが、しばしば「母親の会」に招かれました。

その時の母親の会では次のような話がされていました。

「子どもが三歳の時、親が交通事故でなくなってしまった。

でも、三歳まで大切に育てられた子は、その後も立派に育っていった」

これが、田園調布夫人の知恵でした。

テレビやゲームに子守りをさせることは絶対にしませんでした。

テレビがない家もあったほどです。

幼児期には、学ばなくてはならない大切なことがあります。

絶対音感は子どもの時にしか身につけられないのと同じように学ぶのには、最も適した時期があるのです。

教育には、後から、とりもどすことができないこともあるということを、教師も親も肝に銘じなければなりません。

コラム

「和を以って貴しとなす」

「和を貴し（たっとし）となす」は、もとは、論語「礼の用は和を貴しと為す」です。何をするにも、人と人との和がなくてはできないということです。スポーツでも、仕事でも、遊びでも「仲良くみんなでする」からできるのだという教えです。

このことばは、「礼」が前提にあります。礼とは、人が人として行うべき道ということです。人間は人として行うべきことがあるというわけです。

しかし「礼」を通そうとすると、「人と人との関係」がぎくしゃくすることがあります。夏目漱石が『草枕』の冒頭で、「矛盾する二つの価値観」を書いていますが、それと似たことが起こるわけです。

――人として「人の道を行う礼」は大切です。しかし、礼をあまりに押し通すと仲たがいが生まれるので、「和」も大切にしなくてはいけませんよ。――というわけです。

7 体験は知恵と知識と生きる力を支える根っこになる

夏休み
おじいちゃん
おばあちゃん
ぼくひとりで
行くよ！
待って
いるよ
行ってきます
気をつけて
新幹線ホーム
着いたかしら
こんにちは
よく来た
よく来た
だいじょうぶ
かしら

子育てのポイント

豊かな体験は、豊かな人格を育みます。
子どもたちには、良質な多種多様な体験をしてほしいものです。

❶ 豊かな体験は、豊かな人格をはぐくむ

子どもにぜひとも体験させたい……と思い努力している親がいます。

歌舞伎役者は、三歳の頃から、「長いセリフ」を覚えさせ、舞台を体験させます。

伝統的芸道の世界には、小さい時から「体験」をさせるメニューが揃っています。系統的な体験は、最もすばらしい教育です。

子どもが入学する直前に「学校までの道」を一緒に歩いたり、ランドセルを背負わせて一人で行かせたりした人も多いと思います。

私も、経験しました。

あるいは「一人旅」を経験させた方もいると思います。

新幹線のホームまで送って、ついた駅には田舎の親を待たせておき、列車に一人のせた経験をした人もけっこういるはずです。

また、スイミング、ボーイスカウトなどの夏の合宿に、まだ低学年の子を出した人もいることでしょう。私も小二の娘を、五日間のスイミング合宿に出しました。親の方が淋しく思いました。

更には、さまざまな自然体験をさせるために、旅に出た人もいると思います。

小学生を教えていた時、夏休みの宿題に「旅行したら旅行記を書きなさい。旅で出会ったものは、何でもとっておきなさい。駅弁の袋、ハシの袋、できたら切符も」と話しました。どの子も、すてきな旅行記を書いてきました。

わたしの言った事を忠実に守って、旅先の思い出の地に落ちていたタバコのスイガラを旅行記に貼りつけていた女の子もいました。

その子は、すてきなレディに成長し、大臣の夫人になりました。

動物を飼うことを体験させたいと考えている人も多いでしょう。

犬猫はもとより、鳥や金魚や熱帯魚に至るまで……体験させた人もいると思います。

このような、それぞれの体験は、子どもにとってすばらしい学習となります。豊かな体験は、豊かな人格をはぐくむのです。

子どもたちの体験は、多い方がいいのです。多方面、多種類の体験をしてほしいと、良質の体験をしてほしいと思います。

さまざまな体験は、子どもたちの「生きる力」「考える力」「知識」を支え、育てていきます。

❷「体験」をもとにした小学校の授業

体験をもとに、教室では授業がされます。

授業は、意図的で計画的な行為です。

しかし、その根っこには、体験が横たわっているのです。

小学校低学年で「買物調べ」があります。昔は社会科で、今は生活科でとりあげられる内容です。

子どもたちの「買物体験」を、教師はどのように「授業」していくのか、かつて私が学校通信で、クラスの保護者に報告した文章を紹介します。

＊

◇社会科で「買物調べ」をしました。
一週間（の間）、家の買物を調べます。つまり買物日記をつけたわけです。

一週間分の買物を発表してもらいました。いろんなものが出てきます。当然のことながら

「わけの分からない物」もまじります。「せんせい、みりんってなんですか。」

私は教えません。「分からない物」を「分からない」と意識するのも大切な勉強です。
◇上質紙を小さく、細長く切ってカードを作りました。このカードに、品物の名を記入させました。一枚に一個です。たくさんのカードができあがっていきます。もちろん、カードが少ない子もいます。
次の時間、カードを仲間ごとに分けさせました。これもテンヤワンヤです。机の前に、たくさんのカードが並びます。ここでも「分からない物」が大問題です。どこに入るのか見当がつかないのです。ここでも、「分からない物」は、「分からない物関係」というグループに入れさせました。

「食べ物関係」「やおやさん関係」「のみもの関係」、同じ飲食物でもいろいろな「関係」が生まれます。

これを、一枚の上質紙に書かせました。

速くできる子おそい子いろいろです。
◇この図で「へんだな」と思うことを聞きました。となりの子と相談します。自分の考えをペアで確かめます。「トマトをくだもの関係に入れる」という考えが出ました。「やおやで売っている」というので却下です。「アイス」を「おかし関係に入れる」というのも出ました。これは大論争です。「甘いもの関係」だという意見も出て、「それなら、さとうも甘いもの関係でアイスと一緒で、おかしい」という反論も出ました。「おかし関係」で一応おさまりました。

◇すごいのが出ました。

「タマゴ、ごはん、肉」を、食べ物関係で一緒にしろと言うのです。この時は、みんなコーフンしてしまいまして、「ソーユーことユーなら、みんな食べ物カンケイジャナイカ」と大変です。「食べ物関係」だと大きすぎて、みんな入っちゃう、ちょっとたいへんだということで、言い出した今村君も納得です。

◇ここで、「アイスは、オヤツ関係だ」という意見が突如出ました。さっきの結論が気になっていたのでしょう。新しいコトバ、新しい概念、ニューコンセプトを提案したのです。「アイスは、オヤツ関係だ」という考えは、大混乱になりました。

家々で、「オヤツ」が異なるからです。「うちじゃ、イチゴがオヤツだ」「いや私んちは、パンよ」「わたしのとこオヤツがない」というわけで、せっかくの考えだったのですが、これも却下ということになりました。

◇矢島さんは、「お米がパンになる」と主張し、座間さんが、「パンやにお米が売っていない。だから、お米は米やだ」という意見が対立しましたが、面白いので持ちこしです。こういう所を、すぐ教えてしまうと、いい勉強ができないのです。

「パンは何でできているか」という討論になりました。矢島さんは「パンはお米から作る」と言います。でも「パンやとお米やはちがう」と言う意見が出ます。太田さん、矢島さんなどは、「パンはお米で作るとママが言ってた」と言います。こういう言い方は一つの「流行現象」となって、みんなつられます。

「そういえば、うちのお母さんも言っていた」という意見が出ます。ほとんどの子が「パンは、米と麦から作る」になってしまいました。

◇「ちがう」と、大声でさけんだ子がいます。勉強は大嫌いと言っている山田一郎君です。みんなは、大ぜいで言っていますから、ワイワイしていて山田意見をとりあげようとしません。「パンはね」と山田君が大声で続けます。「バターとね、卵とね、塩とさとうと、小麦粉とイーストから作るの」と言いました。「バター」と言った時、「うそー、へんなの」と声が出ました。

しかし、山田君が続けると、教室が静かになってきました。言い終わった時、教室はシーンとなってます。

あまりにも、圧倒的な知識のちがいに、こどもたちは呆然としているのです。私は、「ここにいるのは、まぎれもなく人間の子だ」と思いました。「知の力」に子どもながらに圧倒された姿なのです。もう一度、山田君に前に出て説明してもらいました。イーストの説明もしてくれました。「さあ、どう考える」私は聞きました。「ママに聞いた」「お母さんに聞いた」子は黙ったままです。しばらく沈黙が続きました。

◇「先生、教科書にパンのこと出てる」と永田さんが言いました。みんないそいで本を見ました。後のページです。「本当だ」「山田君あってる」驚きの声が続きます。「調べる力」「読み取る力」も人間の力なのだと私は実感しました。

＊

小学校二年生の授業です。

とっても、知的だと思いませんか。

子どもたちは、ありとあらゆる体験を動員して考えます。

「お母さんが言っていた」という意見がありました。これは、勘違いで、間違いなのですが、多くの子どもは、つられていきます。

「お母さんが言った」というのは、水戸黄門の印ろうのようなものです。活発な子が言えば、クラス中なびいていきます。

でも「違う」と叫ぶ子もいたのです。

「計算嫌い・漢字大嫌い」で、授業中はシーンとしている山田君です。

山田君は続けます。

しかし「バターと、卵と、塩とさとうと、小麦粉とイーストから作るの」の意見に、クラス中がシーンとします。

山田君は、多くの優等生、クラス中の子を、この発言でシーンとさせたのです。

これは、山田君が、お母さんと体験していたことなのでした。

体験は、このように知恵となり生きる力となるのです。

コラム

「ありがとう」と素直に言える人が、「幸運」をひきよせる

「ありがとう」と、素直に言える子に育てたいものです。

「ありがとう」と素直に言えるためには、感謝する心が育たねばなりません。

「他人が自分のことを助けてくれている」ことに気がつかなかったら、「ありがとう」とは言えません。まして「そんなこと、あたり前」と思っていたら「ありがとう」とは言えないのです。

毎日の、日常的な、小さなことの中に、感謝の気持ちを持つようになって、素直に「ありがとう」と言えるのです。毎日、学校に行けるのも、楽しくすごせるのも、勉強ができるのも、サッカーをできるのも、本が読めるのも、必ず「誰かのおかげ」なのです。

人生を輝かしく生きている人は、人生を幸せに生きている人は「ありがとう」といっぱい言ってきた人です。どのような仕事でも、どのような人生でも、例外はありません。

8

熱中する行為によって子どもはメタモルフォーゼする

子育てのポイント

長く続くことを子どもの仕事にするのは、親ができる教育です。乳児、幼児の時に「熱中してやること」を経験させることは、とても大切なことです。

❶ 長く続けることの大切さ

昨日、中学校時代の恩師、平井八重先生を訪ねて、池袋から川越近くのお宅を訪問しました。平井先生には、中学二年の三学期、三ヶ月間だけ習ったのです。

早稲田の大学院生であった先生は、臨時講師として来られました。その知的な授業は、中学二年生の生徒を魅了しました。

わずか、三ヶ月間だけの師弟の関係でした。しかし、ご縁は長く続くことになります。私が、上海師範大学の客員教授になったのも、平井先生のお招きでした。

中学二年の三ヶ月間があまりにもすてきでしたので、高校に入学した時、友人と先生宅を訪ね、産経新聞に勤めていたご主人も加わって夜遅くまで語りあかし、先生宅に一泊しました。

その時から、四十五年ぶりの訪問です。

私は教育界にすすみ、同行の友人、矢口君も都立江戸川高校の校長となり退職したばかりでした。

先生とご主人に迎えられ、マンションの席につきました。

先生が「矢口君、これよ、持って帰ってね」と、一鉢の植木を示しました。

秋海棠（しゅうかいどう）の花が植えてありました。

四十五年前、先生宅を訪問した時、矢口君は、おみやげに一株の秋海棠を持参したのです。

先生は、それを大切に育て、たくさんの株分けをするようになり、四十五年ぶりに訪れた矢口君に、里帰りを用意していたのです。

四十五年前の、高校一年生の、一株の植木を、先生は大切に大切にしていてくれたのです。

私は、ジーンと胸があつくなっていました。

四十五年前、たった三ヶ月教えただけで私たちをとらえた先生の、本当の姿を見た思いがしました。

帰る電車で「いい話だなあ」と私が言うと、矢口君は「これを育てて、江戸川高校にそっと植えておきたい」と言いました。

人は「長く続けていること」がある人を信用します。

私は、ある大学で教えたことがありますが、その時、声をかけてくれた教授が、私に決めた理由は、私の「著書」「論文」の多さではありませんでした。

私の本の中にあった、次の一文です。

「私は、子どもの時から、続いている自分の仕事がある。
朝、仏壇にお茶と水とご飯を新しく供えて、お線香をあげることである。
夕方、水だけをとりかえてお線香をあげることである。
これが、五十年近く、今も続く私の日課である。」

この文を読んで「向山先生は信頼できる先生だと思った」ということでした。
長く続くことを子どもの仕事とするのは、親の大切な教育だと思えます。
小さい時の私は、忘れることもありましたが、母が黙ってやってくれました。
そんな時期が、何年もあり、やがて、気がついたら私の仕事になっていたのです。

❷ 熱中することの大切さ

乳児、幼児の時に「熱中してやること」を経験させるのは、とっても、とっても、とっても大切なことです。

小さい頃の子どもは、落ちつかないものです。あちら、こちらへ身体を動かし、親のしつけも、ままなりません。

中には「ぼー」としたように、「生気」のない子もいます。

あれこれ、手をつくすのですが、うまくいきません。

そんな子どもが「一つの体験」に熱中することがあります。

ある子は、積み木を並べるのに熱中しました。一時間も二時間もです。

大人から見ると何でもないことのようですが、この体験は、子どもの成長に極めて大切なことなのです。

イタリアの女性医師（そして教育学者）モンテッソリーが発見したことです。

「熱中する体験」を「十分にやった子」はそれまでと「一皮むけた状態」になるのです。満足し、どこか落ちつくのです。

これは、小学校でも経験します。

「おみこしづくり」「チャレラン大会」などのイベントを、クラス全員が熱中してとりくむと、クラス全体がまとまるのです。

私は、教師になってから気がつきました。

そのことを、私は次のように書きました。

「子どもの成長は、表文化だけでは十分ではない。

一人ひとりが裏文化にひたり、クラスの中に裏文化が位置づけられる時、子どもの成長は、豊かにたくましくなっていく。」

表文化とは「ピアノが上手」「テストが満点」「走るのが速い」というようなことです。

裏文化とは「カエルをすぐつかまえられる」「細い秘密の通路を知っている」「けん玉が上手」というようなことです。

小学校の教師は、裏文化に通じている必要があります。

トカゲを教室に投げ込む男の子を、上手にほめて、いなしてこそ、その先生は「ヤンチャ坊主」にも信頼されるのです。

女の先生に、特に必要なことです。

乳・幼児期に母親は「子どもが熱中している体験」を、大切にする必要があります。

それは、神様が「よりよく育つために」送ってくれたプレゼントなのです。

間違っても「熱中してやっていること」を途中で、止めてはなりません。

それは「成長のための神様のプレゼント」を、捨ててしまうようなことなのです。

乳・幼児期の本については「相良敦子先生」の本が、絶対のおすすめです。具体的で分かりやすく、得るところ大です。

乳・幼児期の子が熱中する体験場面は、ある時、突然目の前に現れます。

そのことを知っていた親なら、子どもの経験を大切に扱うはずです。

それまでの自分から、新しい自分へのメタモルフォーゼ（脱皮）が始まったのですから……。

❸ 子どもへの三つの要求

それは、親や教師が、自分の生き方の中でつかんだものでいいのです。

家庭によって、人によって違いがあって当然です。

私が言われてきたのは、次の三つです。

一　人に迷惑をかけるな

二　弱い者いじめをするな
三　神や仏や本などを大切にせよ

ちなみに、教室で教師が子どもに要求することは、次のような内容と思えます。
先生は、次のような時に、本気で叱るよ。

第一は、生命にかかわる危険なことをしたとき
第二は、他人をぶったり、他人の悪口を言ったりして、身体や心を傷つけたとき
第三は、多くの人に迷惑となる行為をした時。例えば、授業中のおしゃべり

子どもには、このように、はっきりと言っておくことが大切です。

❹ 大きな事件には予兆がある

長崎・佐世保で、大変な事件がありました。

私の教師経験からすると、必ず予兆があったはずです。

突然、大事故がボーンと起こることはありません。

それに先立って三十ぐらいの「中、小事件」があったはずです。

更に、それに先立って「三百近い、小さなできごと」を見逃していたはずです。

大事故は、多くは「学級崩壊」の状態から生まれます。

いじめも、多発します。

「学級崩壊」は「子どもが授業に満足していない」ことが最大の原因です。

つまり「つまらない授業」「分からない授業」の時、子どもは反発します。

「つまらない授業」は「子どもの事実を見ていない学校」にはびこります。

学力テストなどを、まともにしていない学校です。

また「見栄だけの研究」を学校ぐるみでやるところに生まれてきます。

例えば教科書を使わず一時間の授業で一問しか教えない「算数の問題解決学習」を熱心にやる学校に「つまらない、分からない授業」がはびこるのです。

長崎・佐世保の事件の裏には「教師」の私から推測して、右のような条件があったと思えます。ここを直さないと、別の形の事件はまた生まれます。

私の推測が正しいかどうか、いずれ事件の解明とともに明らかになると思います。

教師として、親として「きちんと要求する三か条」を心に持ちたいものです。

9

夢をもつことは充実した人生につながる

子育てのポイント

成功哲学の出発点は、「夢をもつ」ことです。近くに「安心できる親がいるから、挑戦するのです。

❶ 夢をもつことが大切

夢を持つことは、充実した人生をすごす上で、最も大切なことです。

アメリカは、ナポレオン・ヒル、マーフィーをはじめ、有名な「成功哲学」を持っていますが、どの「成功哲学」も、出発点は「夢をもつ」ということなのです。

もちろん、その夢が実現しないこともあります。

私は小さい時「弁護士」と「国鉄勤務」が夢でした。「弁護士は自由業だから日本中を旅行できる」と思っていたのです。

この夢は実現しませんでしたが、教師となり、全国すべての都道府県を講演してまわることになりました。

形はかわりましたが、夢は実現しました。

私の弟は、小学校入学前、敷地に隣のもりちゃんとデパートを建てて、いろんなおもちゃを売るのが夢でした。仲よしの友だちと、楽しい仕事をしたかったのでしょう。

弟の夢も入学とともに消え、日本で一番古い小学校の校長をして、その後全国校長会会長となりました。

二人とも、子どもの時の夢はかないませんでしたが、「夢」は、生き方に「あこがれ」「豊かさ」を与えてくれました。

「志あれば、事を為す」ということは、東洋でも『漢書』の中にも書かれていることなのです。

どのような夢でも、大切にしてあげることが必要です。

❷ 心が強くなり、やる気が生まれる

夢の次は、実行力です。

子どもの中には、だんだんひっこみ思案になり、新しいことをやることを嫌うようになることがあります。

自信がないためです。

そんな時、親が「失敗したっていいんだよ」と、何度も言ってやれば、やるようになるもので

す。

失敗をいくつも、いくつも重ねて、心が強くなり、「やる気」が生まれてくるのです。

そばに「安心できる親がいる」からこそ、失敗することにも挑戦するわけです。

こうした強さを身につけてきた子が、実行力もあるのです。

もちろん「いつも失敗」ばかりしていては、自信をなくします。

学校に入ってきて、自信をなくす子は「大切なことができない」時です。

鉄棒ができない。なわとびができない。泳げない。こうしたことが自信を失わせます。でも、ほとんどの場合、授業の中で身につけていきます。

❸「プロの教え方」を身につけた教師

授業の中でも身につけられない場合があります。

「漢字ができない」「計算ができない」この場合は、かなり心配です。

自分のすべてに対して、自信をなくしてしまうからです。何もかも、投げやりになってしまうのです。

「漢字と計算」は、教師が上手に教えればほとんどの子が満点近くとれるものです。

クラス平均九十点以上は、TOSSの教師では当たり前です。それは「プロの教え方」を身につけているからです。

「プロの教え方」を身につけるために、休日のたびに遠くのセミナーに出かけ、旅費、宿泊費で莫大なお金を使っているのです。もちろん、自分のお金です。

今までに百万、二百万のお金を使って「教え方」を学んだ教師だけが「プロの教え方」を身につけていきます。

そういう教師なら「算数テストが五点、十点だった子」を「学校の授業時間」だけで満点近くとらせることも可能です。

「五点、十点の子が満点をとる」という実践は、これまでの日本にありませんでした。本にもありません。研究会で報告もされていません。

それだけ困難なことでした。

「算数五点、十点の子に満点をとらせる」のは、奇跡だったのです。

これをTOSSの教師は、全国各地で、何十も何百も何千も作り出してきました。

子どもの笑顔。母親からの涙の感謝を、いっぱいいただきました。

苦手な「漢字、計算」で満点をとると、その子は大きく変化します。

自信がみなぎってきます。

積極的になってきます。

その子一人が変わるだけではありません。クラスのみんなが影響をうけます。

「あの子ができるようになった。自分だってやればできる」と思うようになるのです。

❹ 自分だって、やればできる

この自信を持たせることこそ、「夢の実現」に、最も大切なことなのです。

ＴＯＳＳの教師はまだまだ少ないのです。「漢字、計算が苦手」という子は、いっぱいいます。

それが、小学校時代から続き、中学校でうけとる教師もいます。

中学でできるようになるのは相当困難です。でも不可能ではありません。日本の南端の中学校教師の実践です。

＊

◇小学校担任からの引継ぎ

「国語がかなり苦手です。特に漢字は大嫌いと本人も言っておりまして、私も個別指導や漢字帳の課題を課してみるのですが、本人がまるでやる気がなく……」

去年度三月末の、小学校との連絡会でT君のことを、担任の先生がこう言った。国語科の私としては、聞き捨てならないことだ。よく聞いていると、漢字の練習は授業中で毎時間扱っているわけではなく、家での宿題にすることが多いらしい。全く苦手な子どもが宿題で漢字練習をやれるわけがない。好きになれるわけがないのだ。

（向山）漢字を宿題にしているクラスは、学力が低い。授業でこそ、責任をもって、教えるべきなのだ。特に、勉強のできない子の害が大きい。

◇T君に『あかねこ漢字スキル』をやらせたい

少しでも、できた喜びを味わってほしい。四月から、一年生を担任することになったときすぐに、気になっていたT君を見つけた。小柄で、なんともかわいらしいあどけない表情の生徒だった。

私の学年だけが、今年度、私の学校で始めて副教材として『あかねこ漢字スキル』を取り入れることができた。

あらためてその素晴らしさに感激した。

本やセミナーで学んだように、指書き、なぞり書き、写し書きの順で練習させていく。一年生なので始めが肝心。この四月の指導が残り三年間を左右すると思うと最初から厳しく指導した。正しくできていない場合はやり直させる。

「一ミリもずれないように丁寧にかくのですよ。」

という指示で、生徒たちにじっくりとりくませることができた。もちろんT君も少し恥ずかしそうに声を出しながら指書きをし、丁寧になぞり書きをしていた。

（向山）T君は、はじめて「授業」の中で漢字の練習を始めた。はじめはスキルのうすい印刷をなぞることとだった。

◇けなげなT君に応えたい

T君はしっかり練習し、間違い直しのテストを必ず受けにきた。

「合格。がんばったね。この調子だときっと力がついてくるよ」と励ますとはにかみながら笑って、頷いた。

しかし、一学期、私はT君に、漢字テスト平均三十五点という力しかつけることができなかった。

（向山）一学期、少しだけ向上しただけだった。でも「国語は楽しい」「漢字をがんばる」というようになっていった。

◇そして、ついに……！

二学期は個人練習のとき、さりげなくT君の近くを机間巡視して、筆順を間違っているときや、なぞり書きがずれているところはやり直させた。とても丁寧に取り組んでいるときは、黙って赤鉛筆で花丸をした。そんなことを繰り返して、T君は少しずつ点数を伸ばし始めた。

以下が彼の二学期の点数の変遷である。

一回目二十点→二回目三十点→三回目十点→四回目八十点→五回目九十点→六回目七十点、そしてついに、七回目百点をとったのだ。

「T君、やったね！すごい！」とほめると彼は満足気に微笑んだ。

以下、七回目百点→八回目百点→九回目八十点→十回目百点→十一回目九十点

彼の変化を見て私は、向山先生の成長曲線を思い出した。彼はあきらめないで、腐らないでよく頑張っていた。それが実を結んだのだ。

（向山）二学期。夏休みの空白があって、二十点、三十点、十点と続いた。しかし、その次に八十点と飛躍した。高得点が続き、二学期の七回目、ついに百点を

とったのだ。小学校の担任から「筋金入りの国語嫌い」と言われた子を、中学校の教師は百点を取らせたのである。それも授業時間だけをつかってである。

＊

こうした成功体験が「自信」をつけ、「やる気」をおこさせていくのである。「育て方」「教え方」は、子どもの一生を左右するほど大切なことなのである。

10 子どもが変わる指導にはポイントがある

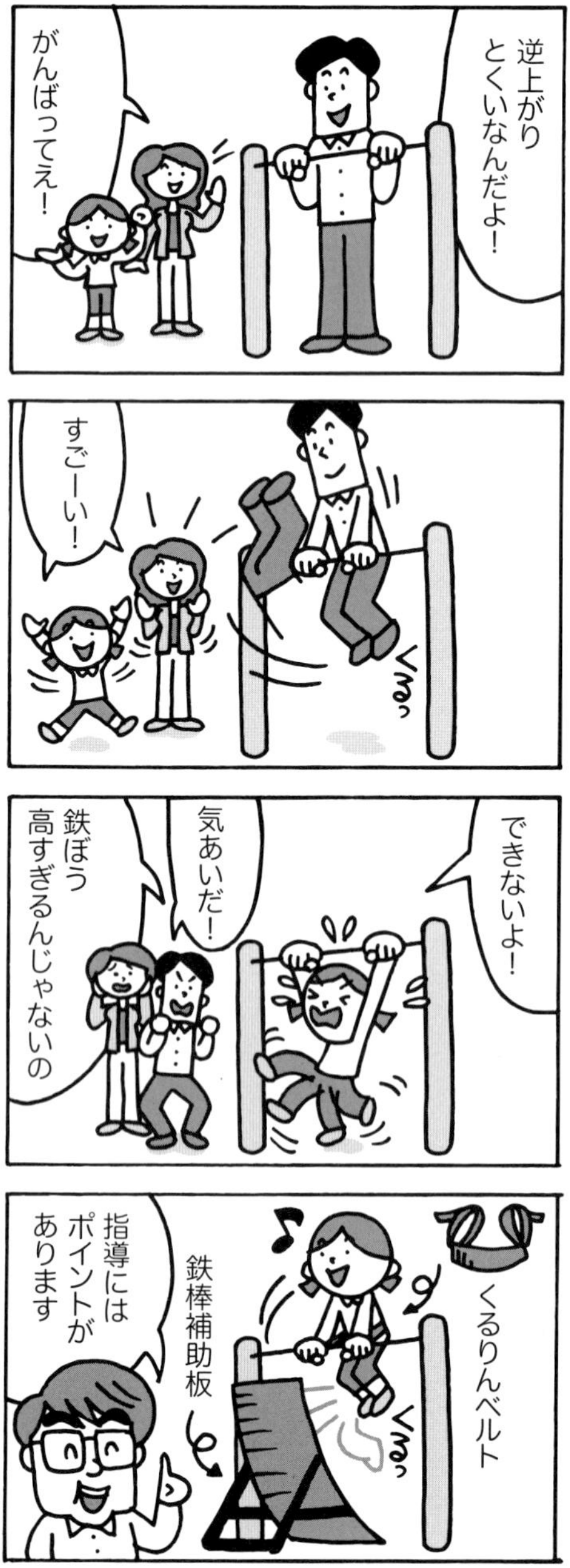

子育てのポイント

指導には、ポイントがあります。指導によって、奇跡のようなドラマが生まれます。

❶ 逆上がりの指導にはポイントがある

小学校の校庭で「逆上がり」に挑戦している親子がいました。

夫婦と低学年ぐらいの娘二人でした。

お父さんが、一メートル七十センチぐらいの鉄棒で、逆上がりをやってみせました。

お母さんが「すごい」と拍手しました。

娘も、高い鉄棒で挑戦しましたが、足が少しあがるだけでした。

すてきな風景に、二、三分見とれていました。

「お手伝いしようかな」とちょっぴり思いましたが、「親子の絆」の方が大切な気がして、その場を去りました。

お父さんは、熱心に鉄棒を教えていましたが、プロの目から見るとピントがずれています。

第一は、鉄棒の高さです。

高い鉄棒ですと「ケンスイ」プラス「逆上がり」の力が必要となり、とっても難しいのです。

初心者の鉄棒指導の時、高さは「乳頭より少し下」ぐらいがいいのです。

第二は、補助についてです。

逆上がりのできない子は「鉄棒」と「腰」が大きく離れます。腰が鉄棒から離れない補助が必要です。

・ジャングルジムで、足を次々にかけながら、練習する方法

・斜めの補助板を、かけ上げるように練習する方法

・背中合わせになった子が、背中に相手をのせてしまう補助

・大人が手でくるりとまわしてしまう補助

一番いいのは、帯、タオルなどで、鉄棒と子どもの腰をくくりつける方法です。

この補助具は、かつて有名スポーツメーカーで販売された。一つ二万五千円ぐらいしました。

私たちは老人ホームの協力を得て、千八百円の「鉄棒くるりんベルト」(東京教育技術研究所)を作り出しました。これが、現在、日本中の学校で広く使われている補助教具です。

このように「プロの目」から見ると、別の風景が見えてきます。

❷ 乱暴だったA君が一週間で奇跡の変身をした

ちなみに私は、とび箱が跳べない子を、三分くらいで跳ばせることができます。なわとびを一回跳べる子なら、成功率は九十八パーセントぐらいです。

小学校の教科指導で、最も難しいのは、算数です。算数テストで五点、十点だった子が、七十点、八十点、百点を取れるようになったという報告は、ほとんどありません。

多分、日本中で皆無です。

でも、私たちTOSSの教師の中には、「できない子に満点をとらせた」「算数のクラス平均点が九十点を超えた」という人はいっぱいいる。

何十人も、何百人もいる。

『向山型算数教え方教室』誌（明治図書）から、一例を紹介します。

荒れたクラスで勉強を妨害していたA君を新担任は短時間で変身させたのです。

＊

奇跡と呼ばれた向山型算数

岡山県　吉田真弓

◇「吉田先生、すごいです！A君を変えた奇跡の人だ！と〇〇さんと話していたんですよ。」

四月の家庭訪問である保護者から言われた言葉である。

去年クラスが大変だった学年を三年生で受け持った。A君は多分授業に参加できていなかった、いや、妨害すらしていたのである。

「A君が教科書を開いているのを一年ぶりに見ました」「A君が問題を読んでいる！授業に参加している！」と保護者はびっくりした。

この保護者は何を見てこの発言をしたのか。それは四月のはじめの参観日のたった一時間の様子を見ただけである。

新しいクラスになってわずか一週間。去年の修了式のその日まで、落ちついて授業に参加することのできなかったA君は、わずか一週間で大きく変わった。

◇家庭訪問でA君のお母さんが言われた。

「三月に持って帰った教科書は、まったく開いた跡もなく、新しいままでした。もう、勉強はいい。ただ席に座ってくれさえすれば……。人のじゃまさえしなければいい。それだけ守ってくれ、と話していたのです。」

A君は医師の診断も受け、朝晩薬を服用していたが、なかなか席に座っていることすらできなかったという。ふらふら歩き回る、ヒステリックに教師を大声で呼び続ける。すねると机に突っ伏していた。一度も教科書を開かず何ヶ月かを過ごす。A君のそのつらさを思うと、胸がつまった。

◇A君の指導にとって基盤になるのは当然授業だ。とりわけ向山型算数指導法が最も効果的な指導であると感じた。それはA君だけでなく、騒然とした教室で心静かに学習をすることができなかった、クラスの子どもたちのためにも重要なことであった。

「教科書を出しなさい」「三ページを開きなさい」「両手に持って読みなさい」

たった一つの指示を確実に全員の子にさせていった。A君は素直に指示に従った。変わりたがっていたのだ。勉強をしたがっていたのだ。必死で黒板を写すようになった。筆算では喜々として黒板に書くことができた。表情も明るくなった。たった一週間の変化。

A君は四月、初めて算数のテストで八十点を取った。一ヶ月前まで、五点、十点、十五点だったA君の変化だった。

保護者達は「奇跡だ」とうわさしたのである。

＊

教室の荒れの中心だったA君を、担任はわずか一週間で立ち直らせたのです。それは算数の授業のおかげだったのです。

最も難しい「算数の指導」でＴＯＳＳの教師は、次々と奇跡のようなドラマを創り出しています。

❸ 向山型算数指導法はすべての学習に通じる原則で貫かれている

私たちは「学校の授業時間」だけで、このドラマを創っています。
休み時間まで授業をのばすことはありません。
放課後の残り勉強もしません。
宿題は出しません。
「算数の授業時間を大切にして、授業時間だけで」奇跡のドラマを創っているのです。
どういう授業かというと「教科書をリズムよくテンポよく教える授業」です。

ただし「教科書をきちんと教えられる教師は千人に一人もいない」。教師は、そういうことを学んでいないのです。

教師としての技量をみがかないと、「教科書をリズムよくテンポよく」教えられないし、奇跡のドラマも創れません。

算数ノートは、一人残らず「ウットリ」するほどきれいです。一学期で、ノートを三冊ぐらい使っています。

ノートは鉛筆で書きます。シャープペンは当然禁止です。線を引く時は、ミニ定規を使います。

「できない問題」は、正解をノートに写しておきます。

日本の教室で一番多く使われている『あかねこ計算スキル』は「できない子」にも「できる子」にも、超人気の練習帳です。私が開発をしました。

奇跡のドラマと反対に、子どもを駄目にする方法があります。

第一に、教科書をほとんど使わない授業です。プリント学習などです。

クラスの大半の子が、算数嫌いになります。

第二に、ノートが美しくない指導です。グチャグチャとつまって書いてある子は、伸びないのです。ウッカリミスも多いです。

第三に、宿題が多い授業も駄目です。

教科書の例題、練習問題などは、「学校の授業中」に教えるべきなのです。

ところが、例題をこねくりまわして、時間不足になり、練習問題を宿題に出している学校が、日本に半分くらいあります。

そういう学校では、当然、学力が下がります。

「教科書の問題が、すべてノートにやってあり、間違い直しがされている」ことが算数の授業の基本です。

ＴＯＳＳの教師は、この基本をきちんとやっています。

だから、平均点が九十点にもなるのです。

保護者の方々が、学校、担任に対して「教科書を全部やってください。どうぞ、ノートにきちんと書いてあるようご指導ください」と発言していけば、日本の教育は良くなっていくことでしょう。

ところが「宿題を出してください」とか「先生のプリントを出してください」とか、見当違いの声を出す保護者がいます。ちなみに、法律では、教師は教科書を使わなくてはならないと定められています。

クラスの中には、軽度発達障害の子が六、七パーセントいるといわれます。三時間以上もテレビ、ゲームに熱中している子も、ゲーム脳の障害が出ていると言われています。ワーキングメモリという短期記憶が、働きにくくなっているのです。そうした子には「一つ一つを明確に示す授業」が必要なのです。

11

算数クラス平均九十点突破の先生は、教科書をきちんと教えている

子育てのポイント

算数の授業では教科書を使い、漢字も授業中に指導する教師が子どもに力をつけられるのです。

❶ 教師の勉強不足が授業に現れる

小学校・中学校の「算数」「国語」の授業は、教師によって、はっきりとした違いがあります。「学力をつける授業」と「才能のある子まで駄目にしてしまう授業」です。

保護者にとって、最も大切な視点が、「教育論議」からぬけています。

今までに、テレビでは一回も報じられていません。テレビの教育報道は、最も大切なことをぬかしています。

大事件、流行の後追いがテレビのスタンスなので、本質からずれるのです。

新聞でも、報じられることは、ほとんどありません。新聞は、政府・文科省批判が好きで、現場に目が向いていないのです。

教師も話題にしません。なぜなら、駄目な授業をする教師がほとんどだからです。

「駄目な授業をする」からといって、性格が悪いわけではありません。

人柄の良い、立派な人格の教師が、駄目な授業をしている例はいっぱいあります。

原因は「勉強不足」「修業不足」につきます。身銭を切って勉強してこなかった結果なのです。

❷ 算数学力調査の事実

日本教育技術学会は、中学校に入学した時の「算数学力調査」をしました。

全国三千五百十七名の新入生調査です。

なぜ「中学入学時」にしたかというと、「担任の不正」を防げるからです。学力テストに、担任の不正はつきものなのです。

テスト問題は、教科書からとりました。

出身小学校のクラス別に平均点を出しました。出身小学校が同じなのに、平均点が二十点、三十点と違う結果が出ました。

同じ小学校なのですから、子どもの素質は似ているはずです。

しかし、平均点が二十点も、三十点も違うのです。これは、次のような状況です。

A組は半分近くの子が百点をとり、ほとんどの子が九十点以上。七十点の子が二人。

B組は百点の子が二人。九十点以上はクラスの二割。ほとんどの子が六十点、七十点台で、五十点以下の子が六名。

同じ小学校でありながら、このような差が生じるのは「授業が違う」からです。
「駄目な授業」をする教師は、日本中に六割近くいます。
「良い授業」は、一割以下です。

❸「良い授業」と「駄目な授業」の見分け方

保護者は、これまで「逆」に考えていたのです。それは、マスコミの影響です。
この十年、二十年の間に、「駄目な授業」が、はびこってしまったのです。
簡単な見分け方を示します。

見分け方①

○　教科書を全部きちんと教えているのが良い授業

×　プリント中心で、教科書をあまり使わないのが駄目な授業教科書は、幾万、幾十万の教師の経験を集めたものです。これを、きちんと教えるのが良い授業なのです。

「プリント」の授業は、子どもに力はつきません。

見分け方②

○　ノートがていねいに美しく書かれてあり一年間で六、七冊使うのが良い授業

×　ノートは乱雑で、ぎっしりつめ込まれていて、一学期が終っても一冊も終了していないのが駄目な授業

ノートがていねいな子は、必ず伸びていく子です。高校でも「ノートがきちんとしている人が東大に入る」と言われています。

すぐれた教師は、当然ノート指導をします。

見分け方③

○　宿題を出さないで、練習問題、スキル問題まで授業中にやるのが良い授業

×　説明がダラダラと長く、練習問題、ドリル問題を宿題に出すのが駄目な授業

教科書の練習問題は、当然授業中にやるべきです。計算スキルなども、授業中にきちんとやるべ

きです。時間は十分にあります。

ところが、ダラダラと我流の長い説明、話し合いに時間を使い、練習問題を宿題に出す教師がいます。

これでは、実力はつきません。

宿題を出すのは良くない教師なのです。

授業中に、練習問題、スキルまでやってくれる教師が良い教師なのです。

これを、保護者は間違えているのです。

もし、宿題が必要なら「宿題用の五分間スキル」などに限定すべきです。

新聞・テレビは、教科書を使わずプリントで授業する教師をほめたたえます。

とんでもないことです。

医師が、医学界の知識を使わずに、思いつきのやり方で治療しているようなものです。プリント学習の害ははかり知れません。

何よりも、全体の学力を下げます。できない子は、できないままで、普通の子どもできない子になってしまいます。

見分け方④

○　線を引くのにミニ定規を使わせ、シャープペンを禁止して鉛筆を使わせるのが良い授業

×　グニャグニャの線を引かせ、シャープペンを使わせているのが駄目な授業

ミニ定規を使わせるのは、六十年以上昔からされていたプロのかくし技です。

イギリスでも中国でも、一流教師は当然ミニ定規を使わせます。日本でもそうです。

授業中にシャープペンを使わせないのは、教師の常識です。指は第二の脳ともいわれています。書きながら覚えるのです。

鉛筆なら筆圧をかけられますが、シャープペンは力を入れられないのです。

脳までの伝達が異なってくるのです。

また、シャープペンは、芯がしばしば折れます。つまり、勉強をしている途中で、プツンと流れが途切れるのです。もちろん学習にはマイナス作用です。

シャープペンで勉強するのは、プツン、プツンと思考を途切れさせながら考えていることになるのです。

「シャープペン禁止をする」教師は、立派な教師です。良い教師です。

「シャープペンを認めている教師」は、それだけで「駄目」のレッテルを貼られる教師なのです。

ところが最近、駄目な教師が増え、低学年中学年でもシャープペンを使わせています。

高学年担任が「シャープペン禁止」をすると、ブーイングが出て、苦労します。

その上、駄目な親がいて「シャープペン禁止の教師」に文句をつける人がいるのです。

せっかく良い教師が、駄目な親につぶされる例は、けっこうあるのです。

❹ 漢字は授業で教えるべき

日本教育技術学会の第一回の算数学力テストの結果は「教科書をきちんと教えているクラスの学力が高い」ということでした。

第二回は、算数に加えて「漢字テスト」も実施されました。

結果は、ビックリギョウテンです。同じ小学校の二つのクラスの平均値の違いです。

算数の調査では、「平均点が三十点も違う」ことでビックリしました。

漢字なら、せいぜい十点くらいの違いかなと予想していたのです。

ところが、同じ小学校で、漢字テストの平均点が四十点も違ったのです。

A組は、ほとんどの子が満点。

B組は、八十点以上がチョロチョロで、五十点以下の子が大半でした。

同じ小学校なのです。

中学校に入学した生徒に、小学校の時の様子を聞きました。

A組の先生は、毎日、国語の時間に五分程度漢字の指導をしていました。

当然ですが、立派な先生です。

B組は、授業中、漢字をほとんど教えていませんでした。漢字ドリルは宿題です。

漢字は「家で覚えるもの」「宿題で覚えるもの」というのがB先生の考えです。

その結果、B組の子は、目をおおいたくなるほど、漢字ができなかったのです。

B組の親は、先生が「宿題を毎日出してくれる熱心な先生」と思っていました。

ところが、子どもたちの学力は、悲惨の一語だったのです。

漢字は当然、授業で教えるものです。

毎回、五分程度教えれば、クラス平均点九十点はいくのです。

「良い先生」に当たったら、ぜひ先生を力強く支持してください。

「駄目な先生」に当たったら、「子どもの事実」をもとに先生に改善してもらうように言ってください。時には、校長先生にも訴えてください。それが子ども達を救うことになります。

12

実力がつく家庭用学習教材の選び方とユースウェア

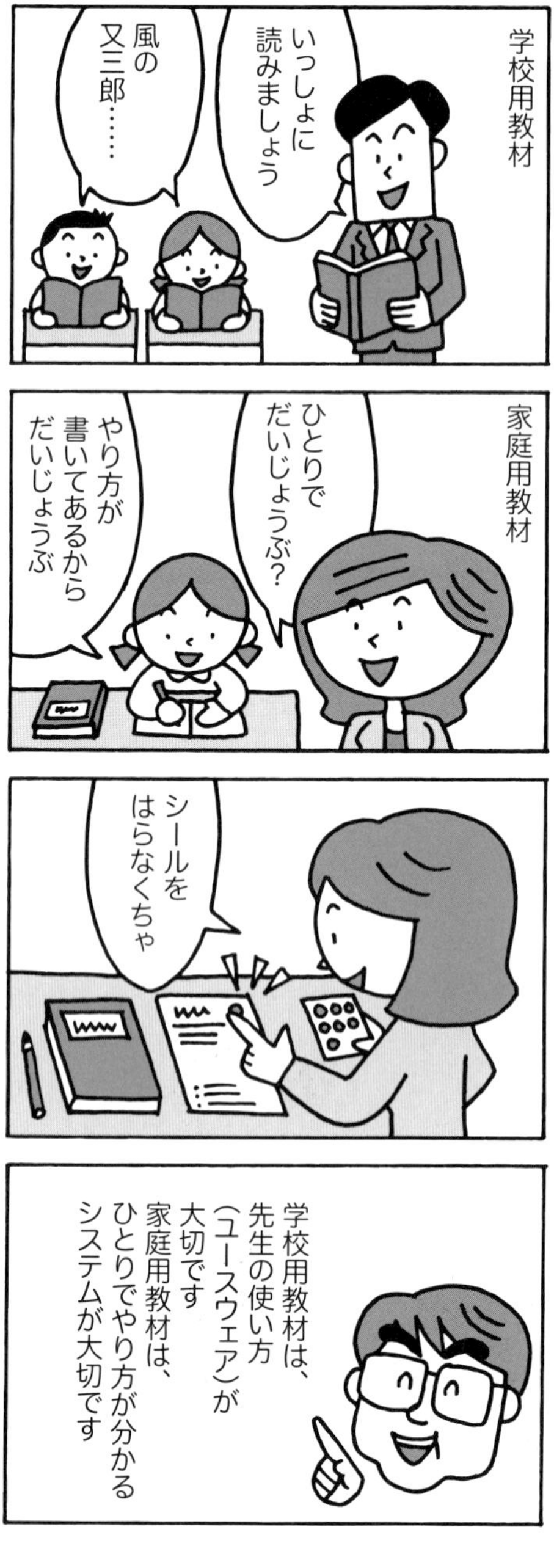

子育てのポイント

すぐれた学習教材は、「筋道が分かりやすい」「楽しく面白い」「上達を実感できる」ものです。

❶学校用教材は、教師がいてこそ効果があがる

学校で使う教材と家庭で使う教材は、作り方が全く違います。

学校で使う教材は「先生が教えてくれる」「先生がついている」ことが前提です。

先生が教室で教えてくれるわけです。

学校で使う教材の代表は教科書です。

教科書は、日本で最もすぐれた教材の一つです。

教科書は、何百人、何千人の熱心な教師の知恵がこめられています。何年も何十年もかけて修正されてきました。

正しく活用すれば、効果は絶大です。

テレビ、新聞などで、教育には素人のマスコミ学者が「教科書を使わないで、自作のプリントで教える熱心な先生」と、はやしたてますが、とんでもない間違いです。

教科書を使わない先生のクラスは、学力が著しく低いのがほとんどです。

向山は、教室で最もできない子でも満点をとり、勉強ができる子でも熱中する教材として漢字と

計算のスキルを開発しました。

使い方（ユースウェア）が大切で、正しく使えば効果抜群の教材です。

勉強が苦手で、大声で騒ぐような子も、熱中する教材なのです。

但し、宿題にすると効果は激減します。

学校用教材は、教師がいてこそ効果があがるのです。

❷ 家庭用教材は一人で学習できるシステムが必要

私は、日本の教室で最も多く活用される教材を開発しましたが、二十年前は、家庭教材を開発していました。

私は、若くて優秀な人材に声をかけ三十名ほどのチームを作りました。

（その人たちは、後に大学の教授になったり、県の教育界のトップになったりしました。）

基本方針は次のとおりです。

「子どもがたった一人で勉強して、公立高校に入学できる学力を保障できる教材とその学習システムの構築」

いかなる仕事も同じように、出発点には明確な目標があるのです。

このためには「学習の方法が分かりやすい」ことが必要です。

「学習の筋道が分かりやすい」のは、極めて重要なポイントです。

次に「教科書とリンクしている」ことが大切です。学校で学ぶ子どもたちにとって授業が分かることは重要なことです。

二十年昔「百マス計算」などを提案した先生もいましたが「教科書とリンクしていない」「実力をつけられない」ということで即座に却下されました。害の方が大きいことも報告されました。

❸ 学習教材は、楽しく、面白いことも大切

更に「楽しく、面白い」ことも必要です。

「学習ゲーム」という概念を作り上げたのは、私たちでした。

二十年前の教材ですが、「名文、名詩暗唱コーナー」もありました。

「分析批評（視点、話者、設定）による文学教室」もありました。

日本で最先端の（現在でも最先端です）教育内容をとり入れていました。

そしてもう一つ「上達を実感できる」ことが大切です。

こうした教材を作るために、進研ゼミの（現在のベネッセの）若手編集者たちと何回も合宿し、時に激しく論争しました。

そして、進研ゼミ小学校講座が新しく生まれ変わり、その頃から日本一の道を進み始めるのです。

すぐれた学習教材の条件をもう一度まとめてみます。

第一に、学習の筋道が分かりやすい
第二に、教科書とリンクしている
第三に、楽しく面白い
第四に、上達を実感できる

あとがき

毎日毎日、練習を頑張ってきた中学の息子が、

「サッカークラブをやめる。」

と言いました。日常よくある場面です。

そんな時、親として、どうしたらよいのでしょう。

「もう少し頑張ってみれば。」というような声かけはしますが、息子の気持ちは変わりません。

親というものは、子どもが転ばないように、ケガしないように、傷つかないようにさせようとします。「子どもは、転んで学ぶ」ということを、頭では分かっていても、転ぶのを見ていられません。親心が、大切な時期に、学ぶ機会を奪ってしまうのです。

その時、向山先生の教えがアタマに浮かびました。

「子どもに決断させることが大切です。」

私は、親としての意見をぐっと飲みこみ、息子の決断を見守ることにしました。息子は、結局やめる決断を変えませんでした。

その出来事以来、息子は大きく変わりました。それまでは、どちらかというと大人しかったので

すが、その出来事をきっかけに、自信をもって行動し、逞しくなったように見えました。そんな可愛かった息子も二児の父親になりました。

子育て中には、親も決断を迫られることがよくあります。親も多くを学び、その中から決断すればよいのです。

ＴＯＳＳの向山代表は、家庭教育の重要性を発信してきました。その主張を学んできた「ＴＯＳＳ家庭教育企画チーム」の協力を得て、本書をまとめあげることができました。ＴＯＳＳ ＫＩＤＳ ＳＣＨＯＯＬ ＢＯＯＫシリーズの№．１です。

「子育てのポイント」を12にしぼり、楽しい４コマ漫画で場面を示しました。

今後も、引き続き、ＴＯＳＳ向山代表のもと、子育ての指針となるような情報を発信していきたいと考えています。

発刊にあたり、ＴＯＳＳの全国の先生方のお力をお借りしました。お礼申し上げます。

ＴＯＳＳ中央事務局　師尾喜代子

【著者紹介】
向山洋一（むこうやまよういち）
東京都出身。東京学芸大学社会科卒業。東京都大田区の公立小学校教師となる。日本教育技術学会会長。NHK「クイズ面白ゼミナール」教科書問題作成委員、千葉大学非常勤講師、上海師範大学客員教授などの経歴をもつ。退職後は、TOSS（Teacher's Organization of Skill Sharing）の運営に力を注いでいる。 モンスターペアレント、黄金の３日間、チャレンジランキング、ジュニアボランティア教育など、教育にかかわる用語を多く考案・提唱している。著書多数。

【編集協力】
〈TOSS 家庭教育企画チーム〉
吉原尚寛・佐藤あかね・川西良治・小野隆行・川越雅彦・笠井美香・国友靖夫・白石和子・門間政博・富樫　栞・中田幸介・奈良部芙由子・奈良部真由子・井川裕子・豊田雅子・小松和重・額田晶子・髙野宏子・塩谷亜由美・斎藤俊浩・下山てるみ・原田健次・平田純也

かしこい子を育てる秘訣 12

2017 年 1 月 1 日　第 1 版第 1 刷発行
2017 年 1 月 31 日　第 1 版第 2 刷発行
2017 年 4 月 5 日　第 1 版第 3 刷発行
2019 年 7 月 30 日　第 1 版第 4 刷発行

著　　者　向山洋一
マンガ・イラスト　バーヴ岩下
装丁デザイン　株式会社グローブグラフィック
発 行 者　師尾喜代子
発 行 所　株式会社　騒人社
〒142-0054　東京都品川区西中延 3-14-2 第 2 TOSS ビル
TEL 03-5751-7662　FAX 03-5751-7663
会 社 HP　http://soujin-sha.com/
本文レイアウト・印刷製本　株式会社双文社印刷

ISBN978-4-88290-074-0